MW01608372

# Rencontre avec
# J. K. ROWLING

GALLIMARD

Lindsey Fraser est une critique littéraire jeunesse enthousiaste et réputée. Elle a débuté à la librairie James Thin à Édimbourg, avant de diriger la librairie pour enfants Heffers, à Cambridge. Elle occupe maintenant le poste de directrice du Scottish Book Trust, organisation pour la promotion de la littérature jeunesse et de la lecture auprès des enfants.

*Un grand merci aux passionnés de Harry Potter*
*de Crailing, Durham Road et Gifford.*
L.F.

Traduit de l'anglais par Florence Meyeres

Titre original : *Telling Tales : J.K. Rowling*
Édition originale publiée par Mammoth,
une marque de Egmont Children's Books Limited,
239 Kensington High Street, London W8 6SA

# SOMMAIRE

## RENCONTRE AVEC J. K. ROWLING
**interview réalisée par Lindsey Fraser**

## LES LIVRES DE J. K. ROWLING
**par Lindsey Fraser**

**J. K. Rowling** a créé le personnage de Harry Potter, le jeune apprenti sorcier, et ses livres connaissent un succès phénoménal sans précédent. Elle n'avait encore jamais publié lorsque paraît en 1997 *Harry Potter à l'école des sorciers*, qui la propulse immédiatement au sommet de la gloire, et dont la Warner Bros. prépare actuellement une adaptation cinématographique. Les quatre livres déjà parus dans cette série, qui doit en compter sept, ont été acclamés par les critiques du monde entier. Ils ont été récompensés par de nombreux prix : le *Smarties Gold Award*, le *Whitbread Children's Book of the Year Award*, le *British Book Awards Children's Book of the Year*, le Prix Sorcières, le Prix Tam-Tam du livre de jeunesse, le *Deutscher Jugendliteraturpreis*, le *Premio Cento per la Letterature Infantile*, le *Scottish Arts Council Children's Book Award*, le *American Booksellers Book of the Year Award* et bien d'autres encore.

**Rencontre avec**

# J. K. ROWLING

**par Lindsey Fraser**

## MA FAMILLE ET MON ENFANCE

### Avez-vous des frères et sœurs ?

J'ai une sœur, qui a deux ans de moins que moi. L'un de mes plus lointains souvenirs est celui du jour de sa naissance. Pour m'occuper pendant l'accouchement, mon père, qui n'arrêtait pas d'entrer et de sortir de la chambre à coucher, m'avait donné de la pâte à modeler. Je ne me rappelle pas avoir vu le nouveau-né, mais je me souviens très bien d'avoir mangé la pâte à modeler.

### Les livres tenaient-ils une grande place dans votre famille ?

Je me souviens aussi d'avoir eu la rougeole quand j'étais toute petite – je devais avoir à peu près quatre ans – et mon père me lisait *Le Vent dans les saules*. Pourtant, ce n'est pas de la maladie dont je me souviens, mais du fait que j'étais allongée, à écouter cette histoire. Mes deux parents aimaient lire. Ma mère était une grande lectrice – c'était un vrai rat de bibliothèque –, son plus grand bonheur était de se pelotonner confortablement avec un livre. Elle a eu une grande influence sur moi. Elle venait d'une famille de professeurs, et je crois que mon père a suivi son exemple.

**Pouvez-vous nous parler de vos grands-parents ?**
Mes grands-pères s'appelaient Ernie et Stanley – c'est pour cette raison que j'ai donné ces noms au conducteur et au contrôleur du Magicobus qui vient sauver Harry Potter. Ils avaient tous les deux de fortes personnalités. Ernie possédait une épicerie, et quand ma sœur et moi restions chez lui – lui et ma grand-mère vivaient dans un appartement au-dessus du magasin –, il nous laissait aller dans la boutique après la fermeture. Nous pouvions jouer avec de vraies boîtes de conserve, de vrais paquets et de l'argent. Nous devions juste tout remettre en place après.

Stanley avait parfois du mal à faire la différence entre la réalité et la fiction. C'était un grand rêveur ; il passait beaucoup de temps dans sa cabane de jardin, à fabriquer toutes sortes de choses.

Une de mes grands-mères s'appelait Kathleen –

mon deuxième prénom. Je l'adorais, et sa mort est le souvenir le plus triste de mon enfance. Mon autre grand-mère adorait les chiens, qu'elle préférait de beaucoup aux humains. Pour tout vous dire, il y avait quelque chose du personnage de tante Marge en elle.

### Aviez-vous des animaux ?

Quand j'étais très très jeune, j'avais un chien qui s'appelait Panpan, comme le lapin dans *Bambi*, le dessin animé de Walt Disney. J'ai été très triste quand il est mort. Plus tard, j'ai eu deux cochons d'Inde, mais ils se sont fait dévorer par un renard. Je me souviens de cette scène terrible, sur la pelouse derrière notre maison – c'était horrible... Puis nous avons eu un autre chien, Misty, qui était encore en vie alors que j'allais déjà à l'université.
Adolescente, j'avais un poisson tropical. C'était une grande passion, et j'aime toujours beaucoup ces animaux.

### Où êtes-vous née ?

A Chipping Sodbury, près de Bristol. Et j'en suis fière ! Je pense que c'est pour cette raison que je suis toujours attirée par les noms de lieu étranges. Jusqu'à l'âge de neuf ans, nous avons vécu soit à Bristol, soit dans ses alentours. Puis nous avons déménagé à Tutshill, un petit village près de Chepstow, au sud du pays de Galles. La ville est dominée par un château perché sur une falaise. Ce qui peut expliquer beaucoup de choses.

### Pourquoi vous êtes-vous installés à la campagne ?

Je crois que c'était un rêve de mes parents, qui étaient tous les deux des enfants de la banlieue. Ils se sont rencontrés dans un train reliant la gare londonienne de Kings Cross au nord de l'Écosse. Mon père était dans la marine et ma mère était ce qu'on appelle une « Wren » (une auxiliaire féminine de la marine britannique). Ils se rendaient tous les deux à la caserne d'Arbroath, au nord de Dundee. Ça a été le coup de foudre. Ils avaient dix-neuf ans quand ils se sont mariés, et je suis née un an plus tard. Ils voulaient tous les deux vivre dans une petite maison de campagne et, de Chepstow, mon père pouvait facilement se rendre à son travail, à l'usine Rolls Royce.

### Pouvez-vous nous parler un peu de l'endroit où vous habitiez ?

Notre maison était située près de l'église. Elle avait autrefois accueilli l'école du village. Tous nos amis trouvaient que c'était effrayant de vivre à côté du cimetière qui jouxtait l'église, mais cela ne nous dérangeait pas. Encore aujourd'hui, j'aime bien les cimetières, car on y trouve quantité de noms intéressants.

Nous vivions près d'Offa's Dyke où coule la Wye,

un endroit merveilleux. Nous aimions nous promener le long des rives bordées de rochers.

Bien entendu, lorsque j'ai grandi, tout cela est devenu ennuyeux. Il ne se passait pas assez de choses pour des adolescents.

### Avez-vous d'autres souvenirs de cette époque ?

Je me rappelle encore avec beaucoup de bonheur les vacances passées à Norfolk avec toute ma famille. Je suis très proche de ma sœur maintenant, mais quand nous étions plus jeunes, nous n'arrêtions pas de nous disputer. Pour une raison inconnue, nous nous sommes entendues exceptionnellement bien durant ces vacances. Je me rappelle les éclats de rire jusque tard dans la nuit, les histoires que nous inventions, les blagues que nous nous racontions. Je crois que mes parents étaient surpris, mais soulagés.

## MA SCOLARITÉ

### Quels souvenirs avez-vous de votre scolarité ?

Ma première école se trouvait dans la banlieue de Bristol et je l'adorais même si, je m'en souviens, le premier jour, quand ma mère est venue me chercher pour le déjeuner, je pensais que c'était fini, que « j'avais été à l'école », et que je n'aurais pas besoin d'y retourner.

A Tutshill, l'école du village était très « dickensienne ». Rien à voir avec celle, plus moderne, dans laquelle j'avais l'habitude d'aller. L'institutrice nous plaçait selon l'opinion qu'elle se faisait de notre « intelligence ». Au bout de dix minutes, je me suis retrouvée dans la rangée des « faibles ». Dans mes livres, le personnage de Severus Rogue m'a été inspiré par un grand nombre de personnes, et cette maîtresse est sans aucun doute l'une d'elles.

J'avais peur de l'école. Il y avait un exercice quotidien de calcul mental appelé le « Daily Ten », auquel je n'ai obtenu qu'un demi-point le premier jour. Bon, il faut dire que je n'avais jamais fait de fractions auparavant ! Je crois que j'ai fini par m'habituer à cette institutrice, mais ça m'a demandé beaucoup d'efforts – comme pour les fractions !

### Et la vie au collège ?

J'ai beaucoup aimé le collège, mais c'est surtout mon professeur d'anglais, Miss Shepherd, qui m'a fait la plus forte impression. Elle était stricte et faisait parfois preuve d'un humour très mordant. Mais elle était aussi très consciencieuse. Je la respectais vraiment beaucoup car elle était passionnée par son travail. Elle m'a fait découvrir une autre image de la femme. Elle était féministe et remarquablement intelligente. Elle maniait l'absurde d'une manière incroyable. Un jour, je me souviens, je crayonnais sur un bout de papier pendant qu'elle parlait et elle m'a dit que c'était très mal élevé. J'ai répliqué que ça ne m'empêchait pas d'écouter, mais elle m'a expliqué qu'il était aussi très malpoli de répondre. J'en suis restée bouche bée. Elle ne se contentait jamais de nous dire « ne fais pas ci » ou « ne fais pas ça ». Du coup, sa façon d'agir laissait une empreinte bien plus profonde. Si bien que j'ai commencé à adorer l'anglais. Miss Shepherd était très stricte en ce qui concernait la rédaction et n'admettait aucune négligence dans le style. Je lisais beaucoup, mais c'était appréciable de découvrir ce qui donnait rythme et structure à l'écriture. Elle m'a beaucoup appris, et nous ne nous sommes jamais perdues de vue. C'est la seule enseignante à qui j'ai pu me confier. Elle inspirait une grande confiance.

Quand mon livre *Harry Potter à l'école des sorciers* est paru, elle m'a fait parvenir une lettre par l'intermédiaire de mon éditeur. Ses commentaires avaient plus d'importance pour moi que tous les articles de critique littéraire, car je savais qu'elle pensait vraiment ce qu'elle m'écrivait. Elle est d'une intégrité absolue. En plus, elle a aimé le livre !

Ma dernière année au collège a été marquée par ma rencontre avec Sean Harris. Il arrivait de Chypre où son père, qui était dans l'armée, avait été affecté. Il est devenu mon meilleur ami, et c'est à lui que j'ai dédié *Harry Potter et la Chambre des Secrets*.

Sean conduisait une Ford Anglia couleur turquoise, ce qui, pour moi, représentait la liberté. Car quand on vit dans un village à la campagne, avoir une voiture est primordial. Alors, lorsque j'ai imaginé qu'une voiture venait sauver Harry et Ron Weasley pour les emporter jusqu'à Poudlard, vous pensez bien que ça ne pouvait pas être n'importe quelle vieille guimbarde : il fallait que ce soit une Ford Anglia turquoise. Ron Weasley n'est pas le double de Sean, mais il y a beaucoup de mon ami en lui.

Le plus souvent, c'est en relisant ce que j'ai écrit que je m'aperçois d'où j'ai tiré certains éléments. Harry est sauvé par cette voiture, tout comme elle m'a sauvée de l'ennui. C'est l'un des rares éléments de mes livres que j'arrive à rattacher à la vie réelle. Ça, et l'épisode dans lequel Harry regarde dans un miroir et aperçoit sa famille qui lui fait signe de la main. Cette image, liée à la mort de ma mère, a joué un rôle très important dans ma vie.

### Aimiez-vous tous vos professeurs ?

Non, pas tous. Il y en avait un que je détestais et qui était un véritable tyran. J'ai rencontré pas mal d'enseignants, quand j'enseignais moi-même et, aujourd'hui encore, lorsque je me rends dans des écoles ; les tyrans sont repérables au premier coup d'œil. Je peux me mettre à leur place : c'est très facile d'exercer la tyrannie. Mais c'est aussi la chose la plus mesquine qui soit. Ce qui nous ramène au personnage de Severus Rogue.

## Que détestiez-vous encore ?

Travailler le métal. J'étais l'élève la plus nulle de la classe. Je ne suis pas une manuelle, mais alors, pas du tout. Pour moi, ça voulait dire donner des coups de marteau jusqu'à ce que ça casse. J'y mettais quand même de la bonne volonté, mais je n'y arrivais jamais. Ma mère a toujours conservé la ridicule cuillère, toute plate, que j'ai fabriquée et qui était inutilisable. Même chose lorsque nous devions travailler le bois. Je me souviens avoir rapporté à la maison un cadre sur lequel il y avait plus de colle que de bois !

J'étais aussi nulle en sport, mais j'aimais assez la gymnastique. Je détestais tout particulièrement le hockey. Mais j'appréciais la natation et la danse.

Quant à notre uniforme, je ne le supportais pas. Il était marron et jaune, deux couleurs que je me refuse à porter aujourd'hui encore : c'est une question de principe.

## Vos professeurs pensaient-ils que vous deviendriez écrivain ?

Miss Shepherd pensait peut-être que j'en avais les capacités, mais je ne crois pas qu'elle s'y attendait vraiment. J'ai toujours, toujours voulu écrire, mais je n'ai jamais parlé de cette ambition dévorante à quiconque. A l'âge de six ans, à peu près, j'ai écrit un livre. Oh, juste une petite histoire, et je me souviens m'être dit, quand il a été achevé : « Eh bien maintenant, on peut le publier. » Même à cet âge, je voulais aller jusqu'au bout. J'étais déjà beaucoup moins arrogante à vingt-six ans. Je pensais alors que je n'avais pas la moindre chance d'être éditée un jour.

**Comment étiez-vous enfant ?**
Je crois que j'étais très angoissée. Je m'inquiétais de tout. Mais je masquais cette angoisse. A l'âge de onze ou douze ans, je ressemblais peut-être un tout petit peu à Hermione. J'avais le sentiment que je devais m'imposer, il fallait toujours que je sois la première à lever le doigt, il fallait toujours que j'aie raison. Peut-être était-ce dû au fait que je me sentais insignifiante comparée à ma sœur. Je pensais sûrement qu'il était nécessaire de compenser.
Je me suis détendue en grandissant, ce qui est une bonne chose, mais j'étais encore – et je suis toujours – une angoissée. J'ai eu de la chance d'avoir des amis tels que les miens. Surtout à l'adolescence, quand ma mère a commencé à souffrir de sclérose. Tous ceux qui ont connu une épreuve similaire au sein de leur famille en connaissent les répercussions et le stress que cela implique. C'est alors que les amis prennent une place encore plus importante, c'est à eux que l'on parle, ils sont vos confidents.

## Que lisiez-vous ?

Je me souviens d'avoir lu des *Oui-Oui* avec ma mère. C'était une grande admiratrice d'Enid Blyton – ce qui n'est pas mon cas. J'ai bien sûr lu *Le Club des cinq*, ou tout du moins certains d'entre eux, mais c'est tout.

J'étais une grande fan des livres de Richard Scarry. Ma première histoire, écrite à l'âge de six ans, en était un plagiat. J'ai conservé certains de mes livres d'enfant, que ma fille adore, elle aussi.

J'adorais les chevaux et je possédais une édition illustrée de *Black Beauty*, d'Anna Sewell. J'avais huit ans, et je pleurais chaque fois que je lisais cette histoire. C'est aussi à cette époque que j'ai lu *Les Quatre Filles du docteur March* de Louisa May Alcott : pendant des mois, je me suis imaginée dans la peau de Jo March.

Mais mon livre préféré était *Le Cheval d'argent* d'Elizabeth Goudge. C'était peut-être lié au fait que son héroïne possède un physique quelconque, mais c'est un ouvrage très bien construit et intelligent et, plus je le relis, plus j'admire son intelligence. Peut-être que, plus qu'aucun autre livre, il a eu une influence sur la série des Harry Potter. L'auteur parlait toujours de ce que ses personnages mangeaient, et j'aimais beaucoup ça. Vous avez d'ailleurs peut-être remarqué que je donne toujours en détail le menu des repas à Poudlard.

Le plus important, c'est que jamais aucun livre n'a

été interdit ou censuré à la maison, excepté une fois, quand on m'a offert un livre tiré de la série télévisée *Chapeau melon et bottes de cuir*. Il débutait par une scène très violente qui m'a beaucoup choquée. J'ai donc été soulagée lorsque ma mère – ce fut la seule et unique fois – a décidé que je ne devais pas aller plus loin. Autrement, nous pouvions lire absolument tout ce que nous voulions. J'ai lu *Orgueil et préjugé*, de Jane Austen quand j'avais onze ou douze ans et *La Foire aux vanités* de W. M. Thackeray à l'âge de quatorze ans. Je sais que ça peut sembler un peu tôt, mais le livre était là, alors je l'ai lu.

J'étais comme ma mère : je lisais tout ce qui me tombait sous la main. Aujourd'hui encore, quand je suis chez des gens et que je vais dans leur salle de bains, si on n'y a pas laissé de quoi lire, je lis les étiquettes sur les produits de toilette.

J'avais une tante qui était lectrice pour les éditions Mills and Boon. Elle lisait les manuscrits et les faisait circuler ensuite : il me fallait moins d'une heure pour lire ces romans à l'eau de rose. J'avais neuf ans quand j'ai ouvert pour la première fois un livre de Ian Fleming, un James Bond intitulé *Opération Tonnerre,* et je me souviens avoir été fascinée par la quantité de Bloody Mary que les personnages ingurgitaient. Il y avait quelque chose de fantastique dans cette boisson qui contenait du jus de tomate ! J'adore les Bloody Mary, moi aussi, maintenant…

Nous avions beaucoup, beaucoup de chance : on nous offrait quantité de livres.

**Lisiez-vous aussi de la poésie ?**
Je dois avouer que je n'y suis pas très sensible. Nous avions de nombreux livres de poésie, mais je ne pense pas qu'ils étaient les préférés de ma mère. Aujourd'hui encore, je ne suis pas vraiment attirée par la poésie.

**Quelles sont vos lectures aujourd'hui ?**
J'adore les romans et les biographies. Je suis quelque peu obsédée par le destin des Kennedy, la famille du président John Fitzgerald. Quand j'ai entamé ma tournée de promotion aux États-Unis par la ville de Boston, j'ai insisté pour aller visiter le musée Kennedy. Dans le taxi qui me conduisait là-bas, je n'ai pas arrêté de parler de cette famille et, juste avant de me déposer, la conductrice m'a dit qu'elle était sortie avec Teddy Kennedy. Quand je pense à tout ce qu'elle aurait pu me raconter si seulement je l'avais laissée parler...
L'auteur qui m'a le plus influencée est indiscutablement Jessica Mitford. J'avais quatorze ans quand ma grand-tante m'a offert un de ses livres, et elle est tout de suite devenue mon héroïne préférée. Elle s'est enfuie de chez elle pour se battre aux côtés des partisans pendant la guerre d'Espagne, emportant avec elle un appareil photo qu'elle avait

acheté avec l'argent de son père. J'aimerais être capable de faire quelque chose d'aussi exception- nel. C'était quelqu'un de droit et de courageux, qui a pris beaucoup de risques en luttant pour les droits de l'homme. J'adore son sens de l'humour, son esprit libre. Elle s'est dressée contre sa famille – des gens riches qui ne croyaient pas en l'éducation des jeunes filles – et elle s'est battue pour ses idées, elle ne s'est pas contentée de belles paroles. J'aime ce côté adolescent qu'elle a toujours conservé, sa fidé- lité dans ses convictions – toute sa vie, elle a défendu ses idées de gauche. Je pense avoir lu tout ce qu'elle a pu écrire. J'ai même donné son prénom à ma fille.

### Quel genre de musique écoutez-vous ?
Je ne suis pas du tout sectaire et j'écoute encore la musique que j'écoutais à dix-sept ans. Ni mon père ni ma mère n'écoutaient de musique classique. Ils aimaient beaucoup les Beatles et la musique des années 60. Comme moi.
Je joue de la guitare sèche et je rêve de pouvoir faire un jour un solo de guitare électrique. J'aime toujours les Beatles, mais mon groupe favori reste les Smiths. Lorsque j'étais dans ma période punk, c'était les Clash.

### Aimez-vous l'art ?
J'aimais beaucoup étudier l'art à l'école, et je des-

18

sine toujours. Pour je ne sais quelle raison – peut-être parce que je savais que je n'arriverais jamais à gagner ma vie de cette manière –, je n'ai jamais montré mes dessins ni mes peintures à quiconque. Je ne montre jamais ce que j'écris à personne non plus. Mon éditeur pourrait vous le dire ! Je trouve ça si difficile de se séparer de ce qu'on a fait. C'est trop important. Je déteste quand les gens demandent à voir mes brouillons – d'une certaine manière, c'est trop personnel.

J'adore les galeries d'art. Je me suis rendue plusieurs fois à New York pour faire la promotion de mes livres – c'est une de mes villes préférées – et j'espère toujours pouvoir visiter une des fabuleuses galeries qui s'y trouvent. J'ai toujours une envie folle d'y aller, mais je n'arrive jamais à me libérer tout un après-midi.

A vingt ans, j'avais une passion pour Gainsborough, spécialement pour une peinture intitulée *La Promenade matinale*. Elle met en scène un couple extraordinaire – l'homme est saisissant, alors que la femme paraît relativement effacée. Cette toile a été peinte pour leur mariage. Je me suis toujours demandée si ce mariage avait duré, et quelque chose me dit que non.

Mais le tableau que je préfère est peut-être la *Cène à Emmaüs* du Caravage, quand Jésus révèle à ses disciples qu'il est revenu d'entre les morts. Il est représenté comme quelqu'un de très aimable, de doux et de juste, et la peinture a saisi le moment exact où ses disciples comprennent qui est vraiment cet homme en train de bénir leur pain.

## Alliez-vous souvent au théâtre ou au cinéma ?

Nous allions voir des spectacles pour enfants à Londres. Je me souviens avoir assisté à une représentation de *Peter Pan*. Le public devait siffler le capitaine Crochet, et papa s'était mis à hurler. Le capitaine Crochet était descendu de scène et s'était dirigé vers nous. J'étais terrifiée.

J'adore aller au théâtre à présent. C'est à Stratford-sur-Avon que j'ai vu ma première pièce. J'étais alors en première, et nous avons vu *Le Roi Lear* de Shakespeare lors d'une sortie de classe. J'ai été absolument fascinée. Nous sommes aussi allés voir *Le Conte d'hiver*. C'est dans cette pièce que j'ai découvert le prénom Hermione, bien que je ne l'aie réutilisé que des années plus tard.

J'aime le cinéma. Mais comme il n'y en avait pas à Chepstow, je n'y suis pas allée très souvent lorsque j'étais enfant. Mon film favori était alors *Le Livre de la jungle*. J'aimais aussi beaucoup le film de Richard Adams, *Les Garennes de Watership Down*, qui est tiré d'un merveilleux livre. Mon acteur préféré est sans aucun doute Michael Caine, même si j'ai eu un gros coup de foudre pour Dustin Hoffman après l'avoir vu dans *Little Big Man*. Aujourd'hui encore, je ne suis pas insensible à son charme…

**Regardiez-vous beaucoup la télévision lorsque vous étiez enfant ?**

Pas vraiment. Mes parents ne l'allumaient pas souvent. J'adorais les dessins animés – je les adore toujours – spécialement *Les Fous du volant*. J'aimais aussi beaucoup *The Monkees**. En fait, j'étais amoureuse de David Jones. Quand ma fille était toute jeune, je lui demandais de venir me chercher quand les *Animaniacs* passaient le samedi matin. Alors elle venait dans ma chambre et sautait sur mon lit comme une folle pour me réveiller.

Ces derniers temps, j'ai beaucoup écrit et j'ai très souvent été loin de chez moi, je n'ai donc presque pas regardé la télévision. Il m'est même arrivé de ne pas être au courant d'informations importantes. Cependant, j'essaie de ne jamais manquer un épisode de *The Royle Family**, qui est une excellente série.

## MES ÉTUDES

### Qu'avez-vous fait après vos études secondaires ?

J'ai étudié quatre années à l'université d'Exeter, au cours desquelles j'ai enseigné l'anglais un an à Paris – une ville que j'adore. J'ai tout d'abord eu un choc en arrivant à Exeter. Je m'attendais à me retrouver parmi des gens qui me ressemblaient, aux idées

* Séries télévisées très connues en Grande-Bretagne.

révolutionnaires. Mais ce n'était pas le cas. Cependant, après m'être fait des amis qui partageaient mes convictions, j'ai commencé à m'amuser vraiment. Même si je n'ai pas travaillé aussi dur que j'aurais pu.

### Pourquoi avez-vous choisi d'étudier les langues alors que vous aimez tant la littérature anglaise ?

Je crois que ce n'était pas le meilleur choix. Je n'avais pas l'habitude de faire tout ce que mes parents me disaient de faire, mais je pense que j'ai été influencée par eux. Ils étaient persuadés qu'il est plus facile de trouver un emploi lorsqu'on parle plusieurs langues. Je ne regrette pas complètement, mais c'était une décision étrange pour quelqu'un qui ne voulait qu'une chose : devenir écrivain. Même si je n'avais le courage de le dire à personne, bien entendu.

### Qu'avez-vous fait après avoir obtenu votre diplôme ?

Une erreur encore plus grande. Je suis allée à Londres pour suivre une formation de secrétaire bilingue. J'étais – et je suis toujours – totalement inadaptée à ce genre de travail. Moi, secrétaire ? Ce serait un cauchemar pour les gens avec qui je devrais travailler. Mais j'ai cependant appris à faire une chose : taper un texte sur un clavier. Ce qui m'est très utile car, maintenant, je tape moi-même tous mes livres. Et je suis plutôt rapide. Après cette formation, tout ce que je voulais, c'était trouver un travail – n'importe lequel – qui me permettrait de gagner de l'argent tout en me laissant le temps d'écrire. En fait, j'ai obtenu un emploi au sein de l'organisation Amnesty International, comme assistante de recherche sur les atteintes aux droits de l'homme dans les pays d'Afrique francophone. Ce qui signifie que je travaillais avec des représentants de plus de cent nationalités – tous réunis dans un même lieu. C'était un endroit formidable et un travail très utile. Si je ne passais pas tout mon temps à écrire, il serait important pour moi de faire quelque chose de vraiment utile comme ça.

Je ne suis pas sûre que beaucoup de personnes travaillant là-bas se souviennent de moi, parce que, à l'heure du déjeuner, quand ils sortaient tous pour aller au pub, je trouvais toujours une excuse pour ne pas aller avec eux, et je me précipitais dans un café ou dans un autre pub pour écrire. Je travaillais alors sur un roman pour adultes. Je partageais un appartement avec une autre personne à cette époque et, là encore, pour m'isoler, je me rendais dans les cafés du coin. C'était des endroits parfaits pour travailler – spécialement pour quelqu'un qui ne disait pas la vérité sur ce qu'elle faisait vraiment. Depuis cette époque, j'adore aller dans les cafés pour écrire.

# MON TRAVAIL D'ÉCRIVAIN

### Quand avez-vous eu pour la première fois l'idée du personnage de Harry Potter ?

Mon petit ami avait déménagé à Manchester et voulait que j'aille le rejoindre. C'est dans le train qui me ramenait de Manchester à Londres, après un week-end passé à chercher un appartement, que Harry Potter a fait sa première apparition. Je n'avais jamais ressenti une telle excitation. J'ai su immédiatement que ça allait être un vrai plaisir d'écrire cette histoire. Je ne savais pas encore que ce serait un livre pour la jeunesse – je savais juste qu'il y aurait ce garçon, Harry. Durant ce voyage, j'ai aussi eu l'idée des personnages de Ron, Nick-Quasi-Sans-Tête, Hagrid et Peeves. Mais alors que je venais d'avoir l'idée de ma vie, je n'avais même pas un stylo qui marchait ! Moi qui ne vais jamais nulle part sans un crayon et un carnet. Alors au lieu d'essayer de les transcrire, je devais faire vivre toutes ces idées dans ma tête. Et je crois que ça a été une très bonne chose. J'étais assaillie par une foule de détails, et s'ils n'avaient pas survécu à ce voyage, c'est probablement qu'ils n'en auraient pas valu la peine.

L'école de sorcellerie de Poudlard a été la première chose sur laquelle je me suis concentrée. J'imaginais un endroit où régnait l'ordre, mais où se cachaient d'immenses dangers, avec des enfants qui possédaient des aptitudes qui dépassaient celles de leurs professeurs. Logiquement, elle devait se situer dans un endroit isolé et, très rapidement, je l'ai imaginée quelque part en Écosse. Je crois qu'il s'agissait d'un hommage inconscient au lieu où mes parents se sont mariés. Les gens prétendent savoir quel endroit m'a inspiré Poudlard, mais ils se trompent. Je n'ai jamais vu de château, nulle part, ressemblant à l'idée que je me fais de cette école.

Je suis donc rentrée chez moi ce soir-là et j'ai commencé à tout écrire sur un petit carnet. J'ai fait la liste de tous les sujets à aborder – il devait y en avoir sept.

D'abord sont venus les personnages, puis il a fallu que je trouve des noms qui leur conviendraient parfaitement. Gilderoy Lockhart est un bon exemple. Je voulais que son nom possède une consonance particulière. J'ai cherché dans le *Dictionnary of Phrase and Fable* – une mine quand on est à la recherche de patronymes – et je suis tombée sur Gilderoy, un élégant bandit de grand chemin écossais. Exactement ce que je voulais. Puis j'ai trouvé Lockhart sur un monument aux morts de la Première Guerre mondiale. Les deux mis ensemble exprimaient parfaitement ce que je recherchais pour ce personnage.

**Pouvez-vous nous dire comment vous avez construit l'histoire ?**

Toute la question était de découvrir pourquoi Harry était là où il était, et pourquoi ses parents étaient morts. Tout cela était inventé, bien entendu, mais j'avais l'impression de faire une véritable recherche. A la fin de mon voyage en train, je savais que ce serait une série de sept livres. Je reconnais que ça peut sembler terriblement arrogant de la part de quelqu'un qui n'avait jamais publié, mais c'est comme ça que tout est arrivé. Il m'a fallu cinq ans pour tout organiser, pour déterminer le plan de chaque livre. Je sais ce qui va se passer et qui va arriver à quel moment, et j'ai chaque fois l'impression d'accueillir de vieux amis. Le professeur Lupin, qui apparaît dans le troisième volume, est un de mes personnages préférés. C'est un homme blessé, littéralement et métaphoriquement. Je crois que c'est important pour les enfants de savoir que les adultes aussi ont leurs problèmes, qu'ils doivent affronter certaines épreuves. Le fait qu'il se transforme en loup-garou est une manière de parler des réactions des gens face à la maladie ou aux handicaps.

J'ai presque écrit une histoire complète de chacun de mes personnages. Si je mettais tous les détails, chacun de mes livres ferait la taille de l'*Encyclopaedia Britannica*, mais je dois toujours avoir à l'esprit que les lecteurs n'en savent pas autant que moi. Sirius Black est un bon exemple. J'ai écrit toute l'histoire de son enfance. Les lecteurs n'ont pas besoin de la connaître, mais moi si. Je dois en savoir plus qu'eux, car c'est moi qui fais évoluer les personnages au fil des pages.

J'ai inventé le jeu de Quidditch après une grosse dispute avec mon petit ami à Manchester. Je suis sortie comme une furie de la maison, je suis allée au pub et j'ai inventé le jeu de Quidditch.

### Avez-vous arrêté de travailler pour écrire ces livres ?

Oh, non ! Je me suis installée à Manchester et j'ai travaillé pour la chambre de commerce de la ville. Peu de temps, parce que je me suis rapidement fait licencier. Je suis alors partie travailler à l'université, mais je ne m'y plaisais vraiment pas. Ma mère est morte environ un mois après mon arrivée à Manchester. Puis nous avons été cambriolés, et tout ce que ma mère m'avait laissé a été volé. Les gens ont été extrêmement gentils et amicaux, mais j'ai décidé de partir.

Enseigner l'anglais à Paris avait été très plaisant, et je me suis demandé si ce ne serait pas une bonne idée de retourner à l'étranger, d'enseigner de nouveau, d'emporter mon manuscrit, d'être au soleil... C'est ainsi que j'ai décidé de partir pour Porto, au Portugal, pour enseigner l'anglais à des élèves de huit à soixante-deux ans. Pour l'essentiel, il s'agissait d'adolescents qui préparaient des examens, mais il y avait aussi des hommes d'affaires et des femmes au foyer. Les jeunes de quatorze à dix-sept ans étaient vraiment mes préférés. Ils étaient si pleins d'idées et de potentialités, à l'âge où l'on commence à penser par soi-même.

Au bout de six mois, j'ai rencontré celui qui allait devenir mon mari. Il était journaliste. Nous nous sommes mariés et, l'année suivante, nous avons eu Jessica, juste avant mon vingt-huitième anniversaire. Ça a été, sans aucun doute, le meilleur moment de ma vie. A cette époque-là, j'avais terminé les trois premiers chapitres de *Harry Potter à l'école des sorciers*, qui ont été publiés presque tels quels quand le livre est sorti. Le reste de l'histoire n'était encore qu'une ébauche.

**Ensuite, vous êtes allée habiter à Édimbourg. Pourquoi ?**

Il était devenu clair que mon mariage ne marchait pas, et je me suis dit que les choses seraient plus faciles si je retournais en Grande-Bretagne. Je n'étais pas sûre de pouvoir garder mon emploi et, bien entendu, les cours étaient interrompus pendant les vacances d'été. J'étais inquiète de me retrouver sans travail à cette période, surtout que j'avais maintenant un petit bébé. Je suis allée à Édimbourg rejoindre ma sœur pour Noël et j'ai pensé que je pourrais vivre heureuse là-bas. Ce qui a été le cas.

Les seules personnes que je connaissais étaient ma sœur et sa meilleure copine. Quant à son mari, je ne l'avais rencontré qu'une fois auparavant. La plupart de mes amis vivaient à Londres, mais j'ai senti qu'Édimbourg était le genre de ville où je voulais élever ma fille. Je me suis rapidement fait de bons amis. C'était peut-être mes origines écossaises qui se rappelaient à moi.

**Malgré tout, vous avez continué à écrire ?**
J'ai décidé de me tourner de nouveau vers l'enseignement, mais il fallait d'abord que j'obtienne un diplôme. Cela me prendrait un an, et je savais que, si je ne faisais pas tout pour finir immédiatement le premier livre, je ne le ferais jamais. J'ai fourni un effort énorme, surhumain. Je mettais Jessica dans sa poussette, je l'emmenais au parc et j'essayais de l'épuiser. Quand elle s'endormait, je me précipitais dans un café pour écrire. Tous les cafés dans lesquels j'allais n'appréciaient pas toujours que je m'installe des heures en ne consommant quasiment rien… Mais mon beau-frère venait juste d'ouvrir son propre établissement – le Nicolson's –, ce qui était vraiment une aubaine. Je faisais attention à ne pas y aller quand il y avait trop de monde, et le personnel se montrait très aimable. J'avais l'habitude de faire des plaisanteries à propos de ce que je ferais pour eux si mon livre était un jour publié et qu'il se vendait bien… j'étais alors loin d'être per-

suadée de réussir à le publier un jour. C'est ainsi que j'ai achevé le premier volume au Nicolson's.

J'ai tapé le manuscrit sur une machine à écrire. J'avais lu dans le *Writer's and Artists' Year Book*, que la bonne longueur pour un livre pour enfants était de 40 000 mots. Le mien en comptait 90 000! Pour essayer de dissimuler la chose, j'ai tapé en interligne simple (avec des lignes plus serrées), mais je n'ai trompé personne. J'ai dû tout retaper en interligne double (avec des lignes plus espacées). Les week-ends, j'allais discrètement à l'université pour utiliser leurs ordinateurs, où je tapais avec Jessica à mes pieds, engloutie sous ses puzzles. J'étais terrifiée à l'idée que les gens découvrent ce que je faisais au lieu de travailler mes cours.

Le premier agent à qui j'ai envoyé le manuscrit me l'a retourné. Le premier éditeur à qui j'ai envoyé le manuscrit me l'a retourné. Alors je l'ai envoyé de nouveau. Le second agent, Christopher Little, a accepté de s'en occuper. La lettre qu'il m'a envoyée est l'une des plus agréables que j'aie jamais reçues. Il a fallu un an pour trouver un éditeur mais, quand Bloomsbury a accepté de le publier, ce fut sans aucun doute le deuxième meilleur moment de ma vie – après la naissance de Jessica.

Un an après, en juillet 1997, le livre sortait. Je me suis promenée toute la journée avec un exemplaire coincé sous le bras. La première fois que je l'ai vu dans une librairie, j'ai eu une folle envie de le dédicacer. C'était un moment extraordinaire. Jessica ne savait déchiffrer que deux mots : « Harry » et « Potter », et elle les hurlait chez tous les libraires. J'étais persuadée qu'on me soupçonnait de l'avoir poussée à faire ça.

**Que s'est-il passé après la publication de *Harry Potter à l'école des sorciers* ?**
Mon éditeur se montrait très encourageant et me disait qu'il se vendait étonnamment bien. Sa sortie n'a pas été un événement – un bon article dans le *Scotsman*, plus quelques autres – mais pour l'essentiel, son succès semblait reposer sur le bouche à oreille. C'est alors que mon éditeur américain, Scholastic, a acheté les droits du premier livre pour une somme à laquelle personne ne s'attendait. Cette attention soudaine m'a terrifiée. J'étais enseignante à mi-temps et j'essayais d'écrire *Harry Potter et la Chambre des Secrets*. Je me suis sentie tétanisée par toute cette attention qu'on me portait.

**Qu'est-ce qui vous a décidée à devenir écrivain à temps complet ?**
Ce n'était pas une décision facile. Tout cela pouvait très bien n'être qu'un feu de paille. Et je devais penser à ma fille. J'estimais pouvoir vivre deux ans en me consacrant entièrement à l'écriture, tout en gardant à l'esprit que je risquais de ne plus retrou-

ver de poste de professeur après une si longue absence. Lorsque j'ai gagné le *Smarties Book Prize*, les ventes ont grimpé. J'ai touché mon premier chèque de droits d'auteur. Je ne m'attendais pas à toucher des droits d'auteur, pas pour un premier roman, j'ai donc été très fière.

Tout ne se présentait cependant pas pour le mieux, car j'avais vraiment du mal à finir *Harry Potter et la Chambre des Secrets*. Je craignais de décevoir les lecteurs – j'avais entendu dire que le deuxième roman est le plus difficile à écrire. Finalement, je l'ai repris et il m'a fallu six autres semaines de travail avant d'être satisfaite de ce que j'avais écrit.

### Avez-vous reçu beaucoup de lettres de vos lecteurs ?

Je me souviens de ma première lettre de fan, écrite par Francesca Gray. Elle commençait comme ça : « Cher monsieur... » Je l'ai rencontrée depuis. Les lettres devenaient de plus en plus nombreuses, mais c'est lorsque le livre a commencé à bien se vendre aux États-Unis que la correspondance est devenue vraiment abondante. Je me suis alors aperçue que je me transformais en secrétaire et, en plus, je le faisais très mal. C'était un problème plutôt agréable, mais il était temps d'engager quelqu'un pour faire les choses correctement.

**Que s'est-il passé quand *Harry Potter et la Chambre des Secrets* est paru ?**

Il est devenu presque immédiatement numéro un dans les listes des meilleures ventes, ce que je trouvais incroyable. Il faut vous rappeler que tout ça représentait une énorme surprise pour moi. En fait, tout est arrivé très rapidement, mais ce qui importait vraiment, c'était que j'avais écrit un livre dont j'étais fière.

**Et *Harry Potter et le prisonnier d'Azkaban* ?**

L'idée que des enfants puissent faire la queue dans les librairies pour acheter mes livres m'enchantait. Mais ce succès avait d'autres aspects plus troublants, comme de voir ma photo reproduite régulièrement dans les journaux. Ce n'est pas une chose à laquelle je m'étais préparée.

Mais ce qui importe, c'est que les enfants lisent mes livres. Et nous savons maintenant que les adultes le font aussi. Et qu'ils les apprécient. Voilà ce que je me dis lorsque je me sens prise au piège de ce succès.

**Est-ce que toute cette attention qu'on vous porte est retombée ?**

Non ! J'ai cru que nous avions atteint un seuil de saturation – sans aucun doute – mais l'annonce de l'achat des droits cinématographiques par la Warner Bros. a accru l'intérêt de la presse.

**Êtes-vous contente que Harry Potter soit adapté au cinéma ?**

Je le suis maintenant. Nous étions submergés d'offres faites par diverses compagnies, mais j'avais dit non à toutes – même à la Warner.

Mais ils ont insisté. Je n'étais pas contre l'idée d'un film – j'aime les films. Mais la chose essentielle pour moi était qu'ils restent fidèles au livre, et je fais une grande confiance à la Warner pour respecter cela. Il y a évidemment des choses qui ne peuvent pas fonctionner à l'écran, mais je ne veux pas que l'intrigue soit modifiée de manière importante. La décision de travailler avec la Warner n'est pas une question d'argent ou de pouvoir, c'est simplement parce que je crois en eux. J'ai vu les adaptations du *Jardin Secret* et de *La Petite Princesse* qu'ils ont réalisées, et je les trouve très réussies.

Ils m'ont fourni beaucoup d'informations, ils m'ont envoyé des cartes et des dessins de Poudlard, pour s'assurer que ce qu'ils montreraient dans le film était proche de ce que j'avais imaginé. Je ne voudrais surtout pas voir mes personnages dénaturés.

J'attends avec impatience de voir des parties de Quidditch. Voilà maintenant neuf ans que je me les représente mentalement, et je vais enfin pouvoir y assister avec d'autres.

**Votre éditeur chez Scholastic a-t-il effectué beaucoup de modifications pour l'édition américaine ?**

Non, très peu. J'ai lu quelque part que le livre avait été « traduit en américain », mais c'est ridicule. Les seuls changements concernent des mots qui avaient un sens complètement différent en américain. Un bon exemple est le mot « jumper ». Si je l'avais laissé comme dans l'édition anglaise, Harry, Ron et Fred auraient tous porté des robes chasubles (« jumper » signifie robe chasuble en américain et pull-over en anglais), et pour les lecteurs américains, j'étais plutôt contente de modifier par « sweater », qui est vraiment le vêtement auquel je pensais, pour éviter toute confusion ! La manière de parler de Hagrid est restée inchangée. Les changements sont vraiment minimes.

La seule chose qui m'ait chagrinée a été de constater que les « mums » (abréviation de « mother » en anglais) avaient été transformées en « moms » (abréviation de « mother » en américain). Je n'étais pas très contente de cela. Mrs Weasley n'est pas une « mom ». Mais cela a été corrigé et les « mums » ont été rétablies dans les livres suivants.

### Que s'est-il passé lorsque vous êtes allée faire la promotion de *Harry Potter et le prisonnier d'Azkaban* aux États-Unis ?

Lors de ma première tournée, il n'y avait pas plus d'une centaine de personnes à chaque signature. Ma seconde tournée a débuté à Boston. Tandis que nous nous rendions en voiture à la librairie, j'ai vu une file immense de gens qui s'étendait sur au moins deux pâtés de maisons. J'ai demandé à Kris, des éditions Scholastic, si c'était les soldes, mais elle m'a répondu que tous ces gens étaient venus pour moi. Ce fut une expérience unique. On m'a fait passer par l'entrée de service, puis on m'a conduite à l'étage. Et quand je suis entrée dans la librairie, il y a eu des cris et des flashes. J'avais l'impression d'être une pop-star. Je suis restée sans voix, je ne savais pas comment me comporter. Je voulais paraître aimable, mais je pense avoir donné l'impression de quelqu'un de fuyant. J'ai signé mille quatre cents livres ce jour-là.

### Appréciez-vous les tournées promotionnelles ?

La chose que j'aime le plus – à part écrire les livres – est rencontrer les lecteurs. Répondre à leurs questions est un pur bonheur. Ce monde que j'avais dans ma tête depuis des années a maintenant une existence propre, et il est également dans la tête d'autres personnes ! J'aime ça.

Des lecteurs du monde entier sont désormais intimes avec des personnages que j'étais la seule à connaître il y a encore trois ans.

### Vos livres sont aujourd'hui traduits dans au moins vingt-huit langues. Que pensez-vous de ces différentes éditions ?

J'ai récemment reçu un exemplaire du premier

volume traduit en japonais – c'est magnifique. Mais je crois bien que c'est la traduction en grec qui m'a le plus impressionnée.

Parfois, je trouve des choses étranges. Dans l'édition espagnole, le crapaud de Neville Londubat – qu'il perd sans cesse – a été transformé en tortue d'eau. Ce qui me semble bien plus difficile à perdre. Et en plus, que ce pauvre animal vive hors de son élément naturel ne semble troubler personne ! Je préfère ne pas trop m'attarder là-dessus...

Dans la traduction italienne, le professeur Dumbledore est devenu le professeur Silencio. Le traducteur s'est référé au « dumb » qui compose le nom (qui signifie muet en anglais) pour trouver un équivalent en italien. Mais, en fait, « dumbledore » est un mot d'ancien anglais qui signifie bourdon.

J'ai choisi ce nom parce qu'il correspondait bien à l'image de ce sorcier bienveillant, toujours en mouvement, qui marmonne en permanence ; en plus, j'aime bien la sonorité de ce mot. Pour moi, Silencio est en contradiction totale avec le personnage. Mais le livre a beaucoup de succès en Italie, donc, apparemment, cela ne dérange pas trop les lecteurs !

### Croyez-vous que vous écrirez les sept volumes des aventures de Harry Potter ?

Bien sûr – ne serait-ce que pour moi-même.

## Que comptez-vous faire une fois que vous aurez fini de les écrire ?

Finir de les écrire sera déjà extraordinaire en soi. J'aurai passé tellement de temps avec ces personnages dans ma tête, que je serai triste de les quitter. Mais je sais que je le ferai.

Je suis certaine que je continuerai à écrire, au moins tant que les gens voudront bien me lire. J'ai beaucoup, beaucoup de chance. Grâce au succès de *Harry Potter*, je ne suis pas poussée par des considérations financières, personne ne me contraint. Je le fais juste pour moi-même. Parfois, je me dis que je suis faite pour être un auteur au succès modeste, que l'attention devrait se porter sur mes livres et non sur moi. C'est déjà une chose merveilleuse d'être simplement publiée. La plus grande récompense est l'enthousiasme des lecteurs.

Il y a des moments – et je ne veux pas paraître ingrate – où je rendrais volontiers une partie de l'argent que je gagne en échange de temps et de tranquillité pour écrire. Il y a eu beaucoup de tension, notamment durant l'écriture du quatrième volume. Je suis devenue célèbre, et ce n'est pas toujours une situation facile. A cause de cette célébrité, j'ai vécu des choses très dures, et cela demande un énorme effort de volonté pour évacuer tout ça. Je dois également réussir à concilier la promotion de chaque livre avec la pression des lecteurs qui ont hâte, tout comme moi, que le prochain paraisse. Il y a eu des semaines de déprime où je me suis demandé si tout cela en valait la peine. Mais j'ai réagi, et le quatrième volume est exactement ce que je voulais qu'il soit.

Toutes les personnes célèbres doivent faire face à ce genre de problèmes et ce n'est pas plaisant. Mais je sais que je suis une personne extrêmement chanceuse, car je fais ce que j'aime le plus au monde.

*Mai 2000*

Le Choixpeau et Fumseck le phénix,
dessins de J.K. Rowling.

**Les livres de**

# J. K. ROWLING

**Une présentation par Lindsey Fraser**

Moldus, Détraqueurs, Quidditch, Noises,
le Saule cogneur, si ces mots résonnent
bizarrement à vos oreilles, alors vous avez
besoin de faire connaissance avec le
monde de Harry Potter et de ses amis.
Depuis que *Harry Potter à l'école des sorciers* a été publié, en 1997, l'univers que
J. K. Rowling a imaginé pour la première
fois lors d'un voyage en train Manchester-
Londres est devenu familier à des millions
de personnes à travers le monde. Le fantastique et rapide succès de ces livres est
sans précédent. Les lecteurs sont entraînés
dans deux mondes coexistants – le monde
ordinaire des Moldus, notre monde, et le
monde extraordinaire de la magie.

*Harry Potter
à l'école
des sorciers*

## Mais qui est donc Harry Potter ?

Parce qu'il n'y a que trois livres parus dans une série qui doit en compter sept, il est vrai que personne, à l'exception de l'auteur, ne sait exactement qui est Harry Potter.

Nous savons cependant différentes choses sur lui. Nous savons qu'il est orphelin, qu'un sorcier maléfique du nom de Voldemort a tenté en vain de le tuer et qu'il ignorait, jusqu'à l'âge de onze ans, qu'il était lui-même un sorcier. Quelques signes indiquaient cependant que Harry n'était pas un enfant comme les autres. Par exemple, ses cheveux qui poussent durant la nuit, même s'ils ne réussissent jamais à couvrir complètement la mystérieuse cicatrice en forme d'éclair qui marque son front, résistent à toutes les coupes, même aux plus brutales. Et une fois, durant une visite au zoo, le voilà qui engage la conversation avec un boa constrictor brésilien qui finit par s'enfuir : « Et maintenant, direction, le Brésil ! Merssssi, amigo. » Harry n'est pas le moins surpris, mais il est immédiatement puni. Car pour son oncle Vernon, tout ce qui sort de l'ordinaire est de la faute de Harry. Et l'oncle Vernon déteste les choses qui sortent de l'ordinaire.

*Harry Potter à l'école des sorciers*

Au début du premier roman, *Harry Potter à l'école des sorciers*, cette aversion est on ne peut plus clairement exprimée.

> *Mr et Mrs Dursley, qui habitaient au 4, Privet Drive, avaient toujours affirmé avec la plus grande fierté qu'ils étaient parfaitement normaux, merci pour eux. Jamais quiconque n'aurait imaginé qu'ils puissent se trouver impliqués dans quoi que ce soit d'étrange ou de mystérieux. Ils n'avaient pas de temps à perdre avec des sornettes.*

Vernon et Pétunia Dursley ont été obligés de s'occuper de leur neveu qui a été abandonné devant leur porte alors qu'il n'était encore qu'un bébé, accompagné d'une lettre expliquant vraisemblablement les circonstances du drame. Horrifiés par cette découverte, ils ont installé Harry dans un placard sous l'escalier, le traitant de manière épouvantable, alors qu'ils ont une dévotion aveugle et disproportionnée pour leur odieux fils, Dudley.

A onze ans, Harry ne se doute absolument

pas que, par certains aspects, il est différent des autres. Son oncle et sa tante lui
ont raconté que ses parents étaient morts
dans un accident de voiture. Ils se condui-
sent de manière odieuse avec lui et font
tout ce qu'ils peuvent pour l'exclure de
tous les plaisirs et de tous les événements
de la vie familiale.

En vérité, Vernon et Pétunia Dursley sont
terrifiés par Harry. Au fond d'eux-mêmes,
ils savent qu'il possède de puissants pouvoirs et ils en ont peur. Avant même qu'il
vienne habiter avec eux, ils ont tout fait
pour oublier la famille de Mrs Dursley.
Mais la réaction de Mr Dursley lorsqu'il
surprend une conversation à propos des
Potter et de leur fils, Harry, montre que
cela hante son esprit.

*Mr Dursley s'immobilisa, envahi par
une peur soudaine. Il tourna la tête
vers les gens qui chuchotaient comme
s'il s'apprêtait à leur dire quelque
chose, mais il se ravisa.
Il traversa la rue en toute hâte, se
dépêcha de remonter dans son
bureau, ordonna d'un ton sec à sa
secrétaire de ne pas le déranger, saisit*

*son téléphone et avait presque fini de composer le numéro de sa maison lorsqu'il changea d'avis. Il reposa le combiné et se caressa la moustache. Il réfléchissait… non, décidément, il était idiot. Potter n'était pas un nom si rare. On pouvait être sûr qu'un grand nombre de Potter avaient un fils prénommé Harry.*

Et à partir du moment où Harry vient habiter avec eux, le besoin de dissimuler la vérité se fait plus fort encore. Mais chaque jour qui passe, ils savent que le temps viendra où il découvrira sa véritable identité – ou tout du moins que des indices le mettront sur la piste. Et, bien qu'il soit impossible de ne pas mépriser les Dursley, il faut se rappeler combien ils sont effrayés. Si effrayés qu'ils ne peuvent jamais discuter raisonnablement de cette situation entre eux. C'est un peu comme si le simple fait de mentionner les parents de Harry Potter ou le passé du jeune garçon, ce qu'il est et qui il est, revenait à penser l'impensable. Harry est leur pire cauchemar – la preuve vivante d'un terrible secret de famille. Et il habite là, dans leur maison.

Quand on les compare avec le genre de garçon qu'est en réalité Harry, les Dursley paraissent terriblement quelconques. Mais ironiquement, leur stupidité et leur cruauté les préservent d'une vie quotidienne trop monotone. Il est vrai qu'ils sont aux petits soins pour Dudley, dans le seul but de le satisfaire et de le faire tenir tranquille – ce qui ne dure jamais très longtemps. Harry, nous nous en rendons rapidement compte, n'est pas un ange. Comme tous les garçons de son âge, il désobéit et fait des bêtises, mais il respire la joie de vivre, et cet aspect de sa personnalité échappe pourtant complètement aux Dursley. Harry, pour sa part, en vient à s'habituer à ces mauvais traitements. C'est

*Harry Potter et la Chambre des Secrets*

seulement après sa première année passée à Poudlard, l'école des sorciers, une fois qu'il s'est fait de bons amis et qu'il a trouvé des gens qui lui ressemblent, qu'il se rend compte combien il a été malheureux chez les Dursley. Les vacances d'été qu'il passe à Privet Drive après sa première année sont horribles, maintenant qu'il sait que la vie peut être agréable et passionnante. Et, parce qu'il ignore que son courrier est intercepté par son oncle et sa tante, il pense aussi que ses nouveaux amis l'ont oublié. Ce qui rend la situation encore plus dure à supporter.

*Poudlard lui manquait tellement qu'il avait l'impression de ressentir en permanence une douleur dans le ventre.*

Bien entendu, les Dursley ne sont pas les seuls à avoir peur de Harry et de ses pouvoirs. Nous ne savons pas exactement comment Harry a survécu à l'attaque qui a coûté la vie à ses parents, mais il a survécu et possède désormais une cicatrice en forme d'éclair sur le front. Celui qui a tenté de l'assassiner en est ressorti affaibli et furieux – ce qui en fait un ennemi redoutable. Même Albus Dumbledore, le plus savant des sorciers, ne comprend pas tout ce qui a pu se passer. Quand le professeur McGonagall lui demande des explications sur la mort subite des parents de Harry, Lily et James, il ne trouve pas d'explication.

*Harry Potter à l'école des sorciers*

*On dit qu'il a essayé de tuer Harry, le fils des Potter. Mais il en a été inca-*

*pable. Il n'a pas réussi à supprimer ce bambin. Personne ne sait pourquoi ni comment, mais tout le monde raconte que, lorsqu'il a essayé de tuer Harry Potter sans y parvenir, le pouvoir de Voldemort s'est brisé, pour ainsi dire – et c'est pour ça qu'il a… disparu.*

*Dumbledore hocha la tête d'un air sombre.*

*– C'est… c'est vrai ? bredouilla le professeur McGonagall. Après tout ce qu'il a fait… tous les gens qu'il a tués… il n'a pas réussi à tuer un petit garçon ? C'est stupéfiant… rien d'autre n'avait pu l'arrêter… mais, au nom du ciel, comment se fait-il que Harry ait pu survivre ?*

*– On ne peut faire que des suppositions, répondit Dumbledore. On ne saura peut-être jamais.*

L'histoire personnelle de Harry est très triste. Il a perdu ses parents et il n'est absolument pas aimé par la seule famille qui lui reste. Il n'a pas été l'objet de beaucoup d'attentions jusqu'à ses onze ans. Cependant, il est déjà célèbre. Alors qu'il n'est qu'un garçon comme les autres dans le monde des Moldus, sa réputation est grande dans le monde auquel il appartient vraiment, le monde magique qui existe parallèlement à notre univers. Dans ce monde de la magie, Harry est « le survivant » !

### Rires et larmes

Lorsque J. K. Rowling a eu l'idée d'écrire les aventures de Harry Potter, elle ne pensait tout d'abord pas en faire des livres pour enfants. C'est peut-être la raison pour laquelle elle n'a pas essayé de les simplifier. Si ces histoires sont si plaisantes à lire, c'est bien grâce à leur intrigue complexe, qui mêle farce et danger, humour et fantastique. L'auteur savait depuis le début qu'il serait amusant d'écrire ces livres, et c'est pour cette raison qu'ils sont amusants à lire, même les passages les plus sombres, les plus effrayants. Qui peut oublier la première rencontre de Harry Potter avec un Détraqueur dans *Harry Potter et le prisonnier d'Azkaban* ?

*Harry Potter et le prisonnier d'Azkaban*

*Debout dans l'encadrement, éclairée par les flammes vacillantes, se dressait une haute silhouette enveloppée*

*d'une cape, le visage entièrement dis-
simulé par une cagoule. Le nouveau
venu était si grand qu'il touchait
presque le plafond. Harry baissa les
yeux et ce qu'il vit lui retourna l'esto-
mac. Une main dépassait de la cape,
une main luisante, grisâtre, visqueuse
et couverte de croûtes, comme si elle
s'était putréfiée dans l'eau...*

Plus loin dans le livre, on découvre pourquoi il a été si sensible, plus que quiconque, à cette vision de cauchemar.
Que dire du moment de tension extrême
durant lequel il attend, assis, le verdict du
Choixpeau, un chapeau pointu de sorcier
« râpé, sale, rapiécé » ? Comme tous les
nouveaux élèves de Poudlard, Harry doit
mettre ce chapeau pour savoir à quelle
maison il va appartenir : Gryffondor,
Poufsouffle, Serdaigle ou la redoutable
Serpentard.

*– Hum, ce n'est pas facile, dit une
petite voix à son oreille. C'est même
très difficile. Je vois beaucoup de courage. Des qualités intellectuelles, éga-*

*lement. Il y a du talent et... ho! ho!*
*mon garçon, tu es avide de faire tes*
*preuves, voilà qui est intéressant...*
*Voyons, où vais-je te mettre ?*

Heureusement pour Harry, le Choixpeau se décide pour Gryffondor, mais il reste un moment indécis, et Harry n'oubliera jamais qu'il a failli rejoindre les Serpentard. Il y a incontestablement quelque chose qui le relie au côté obscur de la magie. C'est d'ailleurs évident lorsqu'il réussit finalement à trouver une baguette magique qui lui convient, une « combinaison originale : bois de houx et plume de Phénix, 27,5 centimètres. Facile à manier, très souple ». Le vendeur, un homme plutôt inquiétant, attire alors l'attention de Harry sur une étonnante coïncidence.

*Le vieil homme fixa Harry de ses*
*yeux pâles.*
*– Je me souviens de chaque baguette*
*que j'ai vendue, Mr Potter, répondit-*
*il. Or, le Phénix sur lequel a été préle-*
*vée la plume qui se trouve dans votre*

*baguette a également fourni une autre plume à une autre baguette. Il est très étrange que ce soit précisément cette baguette qui vous ait convenu, car sa sœur n'est autre que celle qui... qui vous a fait cette cicatrice au front.*

## Harry, ses amis et les autres

L'amitié entre Harry, Ron et Hermione est très importante dans les livres de J. K. Rowling. Les deux garçons ne sont d'ailleurs pas spécialement gentils avec elle au départ, ils la trouvent un peu trop studieuse et sérieuse à leur goût. Cependant, au cours de leurs aventures, ils se rendent compte qu'elle est une alliée précieuse, non seulement à cause de son courage, mais également parce qu'elle est très intelligente. Tous les trois ont beau posséder des pouvoirs magiques, leur amitié est semblable à n'importe quelle amitié entre des enfants de leur âge. Ils se chamaillent et se taquinent, mais ils savent qu'ils pourront toujours compter les uns sur les autres. Après un cours particulièrement passionnant durant lequel des élèves ont dû faire face à leur plus grande frayeur, incarnée par un Épouvantard, puis s'en moquer, Hermione

*Harry Potter et le prisonnier d'Azkaban*

est séduite par les méthodes du professeur et le choix du sujet.

> *– (…) Mais j'aurais bien aimé affronter l'Épouvantard, moi aussi.*
> *– Qu'est-ce que tu crains le plus, toi ? demanda Ron avec un rire moqueur. Faire un devoir qui n'aurait que dix-neuf sur vingt ?*

Les professeurs de Poudlard sont tous des individus fascinants. Ils savent que Harry Potter possède des pouvoirs spéciaux, mais leurs réactions sont différentes. Albus Dumbledore et le professeur McGonagall, le directeur et la directrice adjointe, s'efforcent de le traiter équitablement, lui épargnant même parfois des punitions parce qu'ils sont persuadés qu'il agit toujours avec les meilleures intentions, même s'il ne fait pas toujours preuve d'une grande sagesse. Rogue, au contraire, qui déteste Harry, s'efforce de lui faire du tort et de saper sa popularité. Il est parfois difficile de deviner ce que pensent les professeurs de ce jeune sorcier aux pouvoirs extraordinaires. Le professeur Lupin, pro-

*Harry Potter et le prisonnier d'Azkaban*

53

fesseur de défense contre les forces du mal, est d'abord présenté comme un mystérieux personnage. Il apparaît pour la première fois dans le train qui se dirige vers Poudlard, endormi dans un compartiment. Il n'y a aucun indice permettant de savoir s'il se montrera amical ou hostile envers Harry et ses amis. Mais plus on avance dans l'histoire, et plus l'auteur nous fournit des éclairages sur ce personnage. Nous apprenons ainsi qu'il est loin d'être simple et qu'il a ses propres démons à combattre. Hagrid, le géant échevelé, expulsé de Poudlard dans sa jeunesse pour avoir fait mauvais usage de ses pouvoirs magiques, est un allié important pour Harry. Il n'est peut-être pas le plus futé de ses amis, mais il est d'une loyauté sans faille. Ron, Hermione et lui sont toujours prêts à prendre sa défense, même lorsque les preuves de sa culpabilité sont accablantes. Hagrid est un important ressort comique. En plus de sa passion pour les animaux domestiques insolites et son penchant occasionnel pour l'alcool – sévèrement réprouvé par Hermione –, il possède une manière très personnelle de s'exprimer. Et notamment lorsqu'il est énervé, comme au moment où il découvre que les Dursley

*Harry Potter
à l'école
des sorciers*

n'ont jamais dit la vérité à Harry sur ses parents et sur la manière dont ils sont morts. Il réalise alors qu'il va devoir annoncer lui-même la terrible vérité au petit.

> — *Toute l'histoire commence à cause d'un personnage qui s'appelle... c'est vraiment incroyable que tu n'aies jamais entendu son nom alors que, dans notre monde, chacun connaît...*
> — *Connaît qui ? demanda Harry.*
> — *Je n'aime pas beaucoup prononcer son nom quand je peux l'éviter. Personne n'aime ça.*
> — *Pourquoi ?*
> — *Nom d'une gargouille, Harry ! Tout le monde a encore peur. Ah, bougre de diable, c'est tellement difficile ! Voilà : il y a eu un jour un sorcier qui... qui a mal tourné... Très, très mal tourné... Pire que ça, même. Pire que tout ce qu'on peut imaginer de pire. Il s'appelait...*

Et puis il y a Dobby, l'elfe de maison, toujours à s'auto-réprimander, qui essaie de dissuader Harry de retourner à l'école des sorciers pour y passer sa deuxième année, parlant toujours de lui à la troisième personne et s'adressant à Harry en utilisant ses nom et prénom.

*– Ah, monsieur, sanglota-t-il en s'essuyant le visage avec un coin de la taie d'oreiller crasseuse qui lui tenait lieu de vêtement. Harry Potter est vaillant et audacieux ! Il a déjà bravé tant de dangers ! Mais Dobby est venu protéger Harry Potter, il est venu l'avertir, même s'il doit se pincer les oreilles dans la porte du four pour se punir… Harry Potter ne doit pas retourner à Poudlard.*

Le nombre de personnages créés et mis en scène par J. K. Rowling est très impressionnant, et le succès de ses livres prouve que les enfants peuvent prendre du plaisir avec des intrigues complexes et des constructions sophistiquées, du moment que l'histoire les passionne. Ils aiment ce genre de défi. Bloomsbury, l'éditeur anglais des aventures de Harry Potter, a publié une édition adulte des livres de J. K. Rowling, parce qu'il était devenu évident que les parents des jeunes lecteurs se plongeaient eux aussi dans l'histoire, curieux de découvrir la cause de cet engouement. Peut-être surpris de découvrir un texte soi-disant pour enfants si captivant, ils l'ont recommandé à leurs amis. Le texte est le même, seule la couverture change.

## Sports magiques et livres magiques

Peut-être est-ce parce que J.K. Rowling détestait tant le hockey à l'école qu'elle a inventé le passionnant jeu de Quidditch, qui joue un rôle essentiel dans ses livres. Harry n'est pas vraiment un athlète – il est plutôt petit et porte des lunettes – mais sa vivacité d'esprit et son agilité, associées aux pouvoirs magiques de son balai de Quidditch, font de lui l'arme secrète de la maison Gryffondor, qui espère toujours obtenir plus de points que les autres.

Par ailleurs, la passion de J. K. Rowling pour les livres et la lecture se traduit par la quantité d'ouvrages inventés qu'elle cite dans ses histoires. Hagrid envoie à Harry un livre mordant qu'il faut maîtriser avec une ceinture. Le journal magique d'Elvis

*Harry Potter et la Chambre des Secrets*

Jedusor joue un rôle essentiel dans le mystère qui entoure la Chambre des Secrets. La liste des ouvrages que doivent se procurer les nouveaux élèves de Poudlard comprend des titres mystérieux, tels que *Magie théorique*, d'Adalbert Lasornette, ou *Potions magiques*, d'Arsenius Beaulitron. Sans oublier, bien sûr, Gilderoy Lockhart, auteur à succès qui n'hésite pas à faire l'autopromotion de ses œuvres inoubliables, parmi lesquelles *Vadrouille avec les goules* et *Randonnées avec les trolls*, ou de sa biographie intitulée, comme on pouvait s'y attendre, *Moi le magicien*. Et c'est seulement lorsque son incompétence est révélée par Harry et Ron qu'on découvre le véritable visage de leur auteur.

> – *Alors, vous vous êtes attribué les exploits des autres ? dit Harry, stupéfait.*
> – *Harry, Harry, dit Lockhart en hochant la tête d'un air agacé, ce n'est pas du tout aussi simple que ça. J'ai fait un très gros travail. Il a fallu que je retrouve tous ces gens, que je leur demande de raconter très précisément ce qu'ils avaient fait. Ensuite, je leur*

*jetais un sortilège d'Amnésie pour*
*qu'ils oublient qu'ils l'avaient fait. S'il*
*y a une chose dont je puis être fier,*
*c'est bien de mes sortilèges*
*d'Amnésie, je les réussis à merveille.*

Un moment plus tard, Harry réussit à repousser un des sortilèges d'Amnésie de Lockhart en se servant d'un sort que lui avait appris Rogue. Lockhart s'effondre comme une chiffe molle sur le sol, sa réputation est ruinée.

## Des lecteurs passionnés

J. K. Rowling a la lourde responsabilité de fournir régulièrement la suite des aventures de Harry Potter à ses lecteurs. Il faut toujours garder à l'esprit la prouesse littéraire qu'elle a accomplie, et le défi qu'elle a décidé de relever, énorme, s'il l'on considère la qualité des premiers volumes. Pour un lecteur, il est toujours difficile d'attendre la suite d'une histoire qui vous passionne, même s'il y a toujours la possibilité de relire les premiers livres que vous avez tant aimés. Lors de sa participation au festival international du livre d'Édimbourg en 1999, J. K. Rowling a signé de nombreux livres usés jusqu'à la corde par les lectures successives, et les questions qui lui ont été posées prouvaient que les lecteurs connaissaient les aventures de Harry Potter sur le bout des doigts. Elle a été littéralement bombardée de questions, auxquelles elle a répondu avec un plaisir évident.

Mais, comme le dit Lochkart dans son style pompeux, même si cela s'appliquerait mieux à son créateur : « Il ne suffit pas de dédicacer des livres et des photos. Quand on veut devenir célèbre, il faut se préparer à accomplir un long et difficile travail. »

# BIBLIOGRAPHIE / SITES INTERNET

### 1/ Harry Potter à l'école des sorciers
**traduit de l'anglais par Jean-François Ménard**

Le jour de ses onze ans, un orphelin élevé par un oncle et une tante qui le détestent, voit son existence bouleversée. Un géant vient le chercher pour l'emmener à Poudlard, la célèbre école de sorcellerie où une place l'attend depuis toujours. Voler sur des balais, jeter des sorts, combattre les trolls : Harry Potter se révèle un sorcier vraiment doué. Mais quel mystère entoure sa naissance et qui est l'effroyable V…, le mage dont personne n'ose prononcer le nom ?

Harry Potter à l'école des sorciers *a obtenu le prix Sorcières du roman 1999 et le prix Tam-Tam du livre de jeunesse 1999, catégorie Je Bouquine.*

### 2/ *Harry Potter et la Chambre des Secrets*
#### traduit de l'anglais par Jean-François Ménard

Une rentrée fracassante en voiture volante, une étrange malédiction qui s'abat sur les élèves, cette deuxième année à l'école des sorciers ne s'annonce pas de tout repos ! Entre les cours de potion magique, les matches de Quidditch et les combats de mauvais sorts, Harry Potter trouvera-t-il le temps de percer le mystère de la Chambre des Secrets ? Un livre magique pour sorciers confirmés.

### 3/ *Harry Potter et le prisonnier d'Azkaban*
#### traduit de l'anglais par Jean-François Ménard

Sirius Black, le dangereux criminel qui s'est échappé de la forteresse d'Azkaban, recherche Harry Potter. C'est donc sous bonne garde que l'apprenti sorcier fait sa troisième rentrée. Au programme : des cours de divination, la fabrication d'une potion de Ratatinage, le dressage des hippogriffes… Mais Harry est-il vraiment à l'abri du danger qui le menace ? Un livre époustouflant qui vous emportera dans un tourbillon de surprises et d'émotions.

### 4/ *Harry Potter et la Coupe de Feu*
#### traduit de l'anglais par Jean-François Ménard

Après un horrible été chez les Dursley, Harry Potter entre en quatrième année au collège de Poudlard. A quatorze ans, il voudrait simplement être un jeune sorcier comme les autres, retrouver ses amis Ron et Hermione, assister avec eux à la Coupe du Monde de Quidditch, apprendre de nouveaux sortilèges et essayer des potions inconnues. Une grande nouvelle l'attend à son arrivée : la tenue à Poudlard d'un tournoi de magie entre les plus célèbres écoles de sorcellerie. Déjà les spectaculaires délégations étrangères font leur entrée... Harry se réjouit. Trop vite. Il va se trouver plongé au cœur des événements les plus dramatiques qu'il ait jamais eu à affronter.

Envoûtant, drôle, bouleversant, ce quatrième tome est le pilier central des aventures de Harry Potter.

**Sites Internet**

http ://www.harrypotter.gallimard-jeunesse.fr
http ://www.harrypotter.bloomsbury.com/harrypotter/
http ://www.scholastic.com/harrypotter
http ://www.movies.warnerbros.com

Loi n° 49-956 du 16 juillet 1949
sur les publications destinées à la jeunesse
ISBN  2-07-054580-6
Numéro d'édition : 99965
Premier dépôt légal : novembre 2000
Dépôt légal : mars 2001
Imprimé sur les presses de l'imprimerie Hérissey
N° d'impression : 89137